PFLANZENGRÜNDE
Naturerbe
Völklinger Hütte

Pflanzengründe

Naturerbe Völklinger Hütte

Zeichnungen, Linolschnitte und Farbkarten

von Hedda Wilms

Fotografien

von Wolfgang Nestler

NATUR BRAUCHT ZEIT

Hedda Wilms und Wolfgang Nestler lenken mit ihren Arbeiten unseren Blick auf das Naturerbe im Weltkulturerbe Alte Völklinger Hütte. Sie zeigen, dass die Zukunft der Völklinger Hütte nicht nur eine denkmalschützerische Herausforderung ist. Ihre Arbeiten sind ein sensibler Diskussionsbeitrag, der politisches Nachdenken provoziert. Sie regen an, dieses Weltkulturerbe – wie auch alle anderen Industriekulturdenkmale – im richtigen Maß von Investition und Restauration einerseits und einem ausreichenden Spielraum für die Natur andererseits zu erhalten.

Dort, wo wir die Natur zulassen, brauchen wir vor allem kostenlose Zeit, um sie ihr Werk vollenden zu lassen. So gesehen halten Nestler und Wilms für uns kurzzeitig die Uhren an. – Jedenfalls, solange wir hinschauen auf ihre makroskopischen Fotografien (Nestler) oder ihre mikroskopischen Tuschezeichnungen (Wilms).

Als zuständiger Minister sowohl für den Denkmalschutz wie für den Schutz der Natur würde ich mich freuen, wenn die Ausstellung ihrer Werke hilft, die überall notwendige Integration von Natur und Kultur auch im Industriedenkmalschutz ins Bewusstsein zu rufen.

Stefan Mörsdorf
Minister für Umwelt des Saarlandes
Saarbrücken, 03. August 2001

Wilhelm Bode

WOLFGANG NESTLER UND HEDDA WILMS LASSEN UNS DIE FASZINATION DES VERFALLS ERLEBEN.....GANZ RECHT, WIR REDEN VOM VERFALL

»Der Bayon[1] ragt aus dem Gestrüpp hervor wie ein großer, behauener Felsblock mit vier riesigen Fronten. Er hat noch eine ganze Menge anderer und in dem Maße, wie man sich ihm nähert, kommt ihre schweigende Vielheit zum Vorschein. In der Mitte das „Gebirge", der Lingam, der Angelpunkt der Welt. Jeder Block hier ist mit dem Meisel bearbeitet bis oben hin. Ringsherum ein Durcheinanderstürzen von Galerien, Schwellen, Säulen -: Hier ist es zum Nahkampf zwischen dem Dschungel und dem Stein gekommen und der Dschungel hat immer gesiegt. Die Wurzeln sind zwischen die Fliesen hineingeglitten, haben sich von einem bisschen magerer Erde genährt, haben nach allen Richtungen hin ihre Fühler ausgestreckt und dann haben diese Schlangen der Pflanzenwelt, geschwollen von Sonne und Regen, den Tempel zum Bersten gebracht. Alle Türen, Mauern, Stockwerke, Dachfirste sind von Astwerk überrankt. Auf manchen Gebäuden gibt es geradezu Wälder, englische Parkbäume wachsen auf den Bedachungen der Heiligtümer. Je massiver der Fels war, umso durchgreifender war diese Wiederbewaldung. Es scheint aber, dass der Dschungel im Triumph seiner Samson-Tat gewisse Dinge hat retten wollen. Unversehens verschont er eine Fassade, umschlingt eine Säulenhalle, ohne sie zu zerstören. Stellenweise versteift er sogar mit seinen mächtigen Lianen eine Halle, die schon zusammenstürzen wollte, reicht eine Krücke hin, um ein Gewölbe zu stützen, hält in seinen Armen ein Gesims fest und Pfeiler, die ihr Gleichgewicht zu verlieren drohen. Das sind die Gewissensbisse des Wilden, der sich an den Kultivierten herangemacht hat, um ihn zu vernichten. Diese außerordentliche Verflechtung von Architektur und pflanzlicher Katastrophe gibt jeder Gruppe in Angkor ihren schönen hindostanischen Sinn. Hier hat abermals eine Vermählung stattgefunden zwischen dem instinktiven und dem durch Überlegung gewonnenen, zwischen Kunst und Natur, zwischen Leben und Tod.«

So schildert Guy De Pourtalès seine Faszination, nachdem er in den 20er Jahren des letzten Jahrhunderts Angkor Vat und die sie umgebende Stadt Angkor Thom besuchte. Seine Beschreibung ist seinem Tagebuch über das tropische Südostasien, u.a. dem heutigen Kambodscha, entnommen. Es war europäische Musik und Gautama Buddha, die ihn gleichermaßen fesselten: »Glückselig sind allein wir, wir denen nichts gehört«. Und nirgends besser als in der faszinierenden Wildnis des Tropenwaldes fand er diese Transzendenz verwirklicht. Nicht zufällig nannte er sein bis heute viel gelesenes Reisetagebuch „Lebewohl Europa".[2] Lange vor Guy De Pourtalès hatte im 19. Jahrhundert der Franzose Henri Mouhot im Auftrag der Royal Geographic Society die Dschungelstadt entdeckt. Seit jener Zeit gilt sie als Mekka der Schönheit und Faszination des Verfalls. Das mächtige Khmer-Reich umfasste im 12. Jahrhundert den größten Teil Südostasiens, vom heutigen Laos bis zur malayischen Halbinsel und vom südchinesischen Meer bis weit nach Thailand hinein. Angkor Thom war einst eine Millionenstadt und ihre Gebäude und Infrastruktur bedeckten eine Fläche von fast 1000 qkm. Es war im 15. Jahrhundert, als das umfangreiche, verzweigte und für das Leben der Stadt notwendige Kanalsystem versandete und das Herrschafts- und Sozialwesen mit den technischen Möglichkeiten seiner Zeit überforderte, es in Gang zu halten. Die Stadt versandete und der Dschungel übernahm wieder die Herrschaft über Angkor Thom. Auch in 700 Jahren danach konnten spätere Kulturen oder Unkulturen — die letzte war das Kriegslager des roten Menschenschlächters Pol Pot -, der „Verflechtung von Architektur und pflanzlicher Katastrophe" nichts

[1] (Anm. d. Verf.: Der Bayon ist der mächtige Tempelbau im geometrischen Mittelpunkt der buddhistischen Hauptstadt Angkor Thom)

[2] Urban Verlag, Freiburg i.Br., 1930

anhaben. Und so zeigt sich auch heute Angkor Vat in einer faszinierenden Natur – einer Natur auf den Trümmern einer einst „himmelsgleichen" Stadtkultur.

Das „Angkor Vat" des Stahl- und Eisenzeitalters wächst in Völklingen und in politischer Verantwortung des kleinsten und finanzärmsten Bundeslandes heran. Nestler und Wilms öffnen uns mit ihrer Arbeit die Augen über ganz unvermutete Zukunftschancen dieses industriellen Trümmerfeldes. Ein Weltkulturerbe, das ja gerade erst im Begriff ist, „heranzuwachsen". Wenn nicht auf 1000 qkm, so doch immerhin auf mehr als einem Quadratkilometer lässt sich besichtigen, was die Natur aus dem einstigen Glutofen der Eisen- und Stahlzeit zu entwickeln vermag. Beim Gang durch die Völklinger Hütte erleben wir die Keimzelle nach dem Untergang des Stahlzeitalters vergleichbar jenem Zeitpunkt Angkor Vats am Ende des 15. Jahrhunderts, als auch dort alles begann. Was in Völklingen heute keimt, oder gerade dem Keimungsalter entwächst, hat bereits eine bezaubernde Schönheit und verheißt faszinierendste Entwicklungen. Schon zeigt sich die Vielfalt – gerade auch aus hier standortsfremden – Pflanzen und Tieren, die selbst vom Spezialisten nur mit Mühe bestimmt werden können. „Faszination" meint die unbefriedigte und möglicherweise nie zu befriedigende Neugierde über das, was wir sehen und erleben können. Faszination ist die Schönheit des Unbegreiflichen – auch des Werdenden, Kommenden und Wachsenden.

Wir wissen noch nicht lange, was die Natur eigentlich macht, wenn sie das Kulturreich des Menschen zurückerobert: Einwandernde Lebensgemeinschaften und Ökosysteme durchlaufen eine Entwicklung vom Jugend- zum Reifestadium. Wir können es voll und ganz mit dem Heranwachsen eines einzelnen Organismus, z.B. von uns Menschen selbst, vergleichen. Im Zeitmaßstab geologischer Zeiträume[3] sprechen wir von Evolution. In den in Angkor Vat und der Völklinger Hütte zu erlebenden Zeitspannen – von wenigen Jahren bis zu einigen Hundert Jahren – definieren wir die Teilprozesse als „Sukzession". Sukzessionen sind – und das wissen wir erst seit den bahnbrechenden Erkenntnissen des spanischen Ökologen Ramon Margalef[4] – Reifeprozesse von Lebensgemeinschaften, die am ehesten mit der Alterung unseres eigenen Organismus vergleichbar sind. Wird in der Jugendphase der schnellwachsende Energieverbrauch vor allem in den Aufbau des Körpers oder der gesamten Zellsubstanz gesteckt, wandelt sich der energetische Aufwand allmählich – von Tag zu Tag, von Jahr zu Jahr – zu einer Bilanz, die allein der Aufrechterhaltung des Organismus bzw. des gesamten Systems – und nicht mehr seinem Aufbau – dient. Mit jedem Tag nimmt so das Verhältnis von Aufbauleistung zum Erhaltungsaufwand ab. Deckt der Energieeinsatz den notwendigen Erhaltungsaufwand vollständig, sprechen wir von einem ausgewachsenen System. Wir selbst sind dann erwachsen geworden.

Es ist der Zahn der Zeit aller organischen Lebensvorgänge, dass der Erhaltungsaufwand auch danach langsam aber kontinuierlich weiter anwächst. Die notwendigen Prozesse der Erhaltung bei gleichzeitiger Erneuerung aller Organe zwingt allmählich, nicht mehr mit ausreichenden Energiezuflüssen auskommen zu müssen. Es beginnt die Phase des allmählichen Abbaus und des Alterns. Sie erreicht unwiederbringlich den Punkt, an dem die Erneuerung sogar lebensnotwendiger Bestandteile nicht mehr gesichert ist: Den Tod! In lebenden Gemeinschaften entspricht das dem Zusammenbruch oder Zerfall.

An dieser Stelle des Unterganges setzt der Prozess einer sekundären Sukzession von neuem ein! Sie bemächtigt sich der Trümmer des Zusammenbruchs und steckt alle neue Kraft in den Aufbau und den Reifungsprozess der soeben geborenen Lebensgemeinschaft. Dieses rhythmische Kommen und Gehen ist vielleicht das Kennzeichnendste dessen, was wir Leben nennen. Und ihre endlose Aneinanderreihung im Zeitmaßstab der Geologie ermöglichte erst die biologische Evolution.

---

[3] also in Zeiträumen von Jahrmillionen der Erdgeschichte

[4] Margalef, R., Perspectives in Ecological Theory, University Press, Chicago, 1968

Nicht zufällig sagen uns Kulturwissenschaftler beim Blick in die Historie, wie ähnlich sich kulturelle Evolution und Reifung im biologisch/organischen Prozess entsprechen. Auch die Stahlkultur wuchs zunächst langsam auf den Wurzeln der ersten industriellen Revolution heran. Zur Blütezeit der Völklinger Hütte war sie ausgereift, was maßgeblich den kulturhistorischen Wert der Hüttenanlage ausmacht. Von hier gingen bahnbrechende Patente um die Welt, die zugleich unersetzbare Durchlaufbedingungen späterer technischer Innovationen waren. Die Völklinger Hütte hat – wie Angkor Vat – gewissermaßen Kulturgeschichte gemacht. Trotz aller Bemühungen mit der Herz-Lungen-Maschine öffentlicher Subventionen ist sie schließlich doch und dann um so rascher dahingesiecht. Ihr Tod war die Chance der Natur seit 1986, die hier für Nestler und Wilms Modell gestanden hat. Längst hatten sich die neuen Industriekulturen, die Chemie- und Kunststoffindustrie, andernorts für die Zeit nach der Stahlzeit gerüstet. Und wie in Angkor Vat das Entwässerungssystem schließlich versandete, versandete in Völklingen der öffentliche Subventionsaufwand der in keinem Verhältnis mehr zum volkswirtschaftlichen Ertrag stand. Die Natur durfte kommen!

Aber jetzt wird gehämmert, geschraubt, entrostet, geschmiergelt, geschliffen, grundiert, gestrichen, gesäubert, geputzt, beschriftet und belehrt – und natürlich „eventet". Gerade 15 Jahre ist es her, dass sich die Werkstore schlossen und sich die Türen der Natur öffneten. Droht heute in der sicher verständlichen Begeisterung für die Wertschöpfungsressource „Weltkulturerbe" etwa die Gefahr eines Hütten-Disneylands?

Und auch das ist eine Parallele zu Angkor Vat. Lara Croft, die Sexikone des modernen Hollywoodfilms drehte jüngst ihren neuen Kassenknüller „Tomb Raider"[5] in der Dschungelruine von Angkor Vat. Auch dort hatte sich schon angedeutet, was unsere Zeit, die sogenannte postindustrielle Freizeit- und Spaßgesellschaft, aus diesem einmaligen Zusammenspiel von Natur und Kultur anzurichten wagt. In Angkor Vat begann es mit der Aufteilung der überwucherten Tempelanlage in Restaurierungsclaims unter den reichen Nationen dieser Erde – ganz ähnlich wie die Aufteilung der Antarktis. Dies geschah unter der Schirmherrschaft der UNESCO in sicherlich gutem Willen, um sowohl weiteren illegalen Raub der Kunstschätze als auch dem gravierenden Aderlass in Folge der Pol Pot-Herrschaft Einhalt zu gebieten. Auch ist das kriegsverarmte Kambodscha dringend auf die Devisen des Massentourismus angewiesen. Doch Angkor Vat – Gott sei es gedankt – ist so groß, dass wohl alle Kulturetats der Erde nicht ausreichen, den Zauber des Dschungels durch Restaurierung völlig zu verbannen.

Das ist in Völklingen anders! Zwar ist auch im saarländischen Maßstab die Fläche riesig und allemal ausreichend, der Natur ihren Lauf zu lassen. Doch dieses Filetstück städtischer Entwicklungsmöglichkeiten – fast in Citylage – schreit geradezu danach, „entwickelt" zu werden. Standorts- und Flächenentwicklung nennt modernes Politikmanagement solcher Art Herangehen. Und nach dem Boom sündhaft teurer Musentempel rufen Stadttouristiker jetzt nach Technikmuseen, Science-Center und Industriekulturdenkmälern. Längst ist klar, dass ein dauerhaft kommerzialisiertes Leben in solchen Denkmälern nur unter ständiger Zufuhr neuer Events aufrecht erhalten werden kann. Das stellt eine weiter wachsende Herausforderung an die Projektentwickler und Eventmanager dar. Bis zu guter Letzt „das Erdbeben vor dem Ansturm der Besucher kapituliert".[6] Und so kommt es, dass die Standortsentwickler und Eventplaner mitunter den sich überschlagenden Zeitbedürfnissen in einem – nicht enden wollenden – Run hinterher laufen. Zur Not lassen sie bei jeder Etappe eine Investitionsruine zurück.

Doch soweit ist es in Völklingen glücklicherweise nicht. Da steht zunächst die Finanzarmut des Saarlandes im Wege. Da

---

[5] engl.: Grabräuber

[6] vgl. die Zwischenüberschrift in DIE ZEIT: Willman, U. Spannung bis zum Abwinken– in Deutschland boomen Science-Center. Anderswo schließen sie. In: DIE ZEIT Nr. 13 vom 22. März 2001

[7] vgl. Bericht des SPIEGEL: Himmelfahrt auf Usedom, DER SPIEGEL, Heft 22/2001

kommt auch der kluge Ratschlag des saarländischen Landeskonservators in Erinnerung, man möge allen Ernstes die Möglichkeit des kontrollierten Verfalls in Erwägung ziehen. Und genau in diesem Spannungsfeld von Tun oder Nichtstun, Event oder Stille, Rummel oder besinnlichem Erleben, Natur oder Spaßkultur sollte sorgsam der Weg der Völklinger Hütte für morgen abgewogen werden. Lassen wir doch einfach ein ausreichendes Maß von Angkor Vat in Völklingen zu. Denn die Gesellschaft hat jetzt schon einen allenthalben empfundenen Mangel, den zu beheben uns nicht in die Wiege gelegt ist. Es ist die Wieder-In-Wert-Setzung von „Zeit", nicht zum Entwickeln, sondern von Sich-Entwickeln-Lassen. Das fällt uns schwer, angesichts einer Umwelt, in der die Dachrinne kein Moosbiotop und der Baum keinen Totast entwickeln, der Wald keine alten Bäume besitzen, der Rasen nicht kniehoch und die Wiese nicht blumenreich wachsen, die Farbe des Zauns nicht abblättern, das Denkmal nicht verwittern und der Hochofen nicht verrosten darf. Oh, glückliche Romantiker, Ihr Armen – lebtet Ihr heute – würdet Ihr keine Vorbilder mehr für sterbende Baumriesen oder Dornröschen verwunschene Burgruinen finden. Euch ist in unserer Zeit das Vorbild fürs Schreiben und Malen längst ausgegangen. Arme Jetzt-Zeit, die das Verständnis für den „Eigenwert der Zeit" verloren hat – so wie den Wert des Alterns oder das Selbstverständnis vom Tod.

Könnte nicht genau diese Aufgabe von der Alten Völklinger Hütte mitgeleistet werden? Wäre das nicht ein Weltkulturerbe wert? Ein solcher Anspruch würde nicht verbieten, punktuell einige Elemente und Teile mit technischem Aufwand zu erhalten, um das Verständnis der einstigen Hüttenanlage zu erwecken. Er setzt aber voraus, dass wir das, was Nestler und Wilms uns fühlen lassen, behutsam aus sich selbst entwickeln lassen. Dass wir zuerst diskutieren, was dem Zahn der Zeit überantwortet wird! Oder anders ausgedrückt: Was wir als kostenloses Geschenk der Natur bereit sind anzunehmen.

Übrigens ist Geldmangel unter diesem Gesichtspunkt eher von Vorteil. Eine ganz ähnliche Fragestellung wird zur Zeit auch auf Usedom diskutiert. In Peenemünde schrieb Wernherr von Braun ein wichtiges Stück der Technikgeschichte. Und glücklicherweise ist auf dem verfallenen, riesigen Raketengelände ein bis in den letzten Winkel durchgestyltes und restauriertes Museum finanziell unleistbar. Der Not gehorchend einigte man sich auf eine Landschaftsparkgestaltung, die den Reiz des Verfalls und des Überwucherns gleichermaßen nutzt, wie den Erhaltungs- und Restaurationsaufwand der Sciencepädagogik.[7]

Welch faszinierender Zauber in Völklingen damit möglich wäre, lässt sich gar nicht weit davon im französichen Grenzgebiet bewundern. Dort schlummert – wohl als Folge des französichen „Savoir-vivre" – ein riesiger Kalksteinbruch einschließlich seiner liegen gelassenen technischen Einrichtungen seit 70 Jahren vor sich hin. Auch er diente einmal der Kohle- und Stahlkultur in Saar-Lor-Lux. Dort wurde der Kalk für die Minetteverhüttung gebrochen. Die Idylle wartet nur darauf, mit dem in Völklingen sich entwickelnden Zauber wieder ihre historische Verbindung zu beleben.

Liste der Pflanzen in der Völklinger Hütte

1. Blasenfarn/Cystopteris fragilis
2. Echte Nelkenwurz/Geum urbanum
3. Scharfes Berufskraut/Erigeron acris
4. Brauner Streifenfarn/Asplenium trichomanes
5. Dürrwurz/Inula conyza
6. Sumpfkresse/Rorippa palustris
7. Birke/Betula pendula
8. Dreinervige Nabelmiere/Moehringia trinervia
9. Loesels-Rauke/Sisymbrium loeselii
10. Schmalblättriges Greiskraut/Senecio inaequidens
11. Klebriger Gänsefuß/Chenopodium botrys
12. Stinkender Pippau/Crepis foetida
13. Mauerraute/Asplenium ruta-muraria
14. Schwarzstieliger Streifenfarn/Asplenium adiantum-nigrum
15. Salweide/Salix caprea
16. Akazie/Robinia pseudoacacia
17. Balsampappel/Populus trichocarpa
18. Hohe-Bruchweide/Salix rubens
19. Mauerlattich/Mycelis muralis
20. Tollkirsche/Atropa bella-dona
21. Eberesche/Sorbus aucuparia
22. Echte Sandschaumkresse/Cardaminopsis areposa
23. Weißer Hornklee/Melilotus alba
24. Dolden-Spurre/Holesteum umbellatum
25. Einjähriges Berufskraut/Erigeron annuus
26. Wasserdost/Eupatorium cannabinum
27. Brombeere/Rubus fruticosus
28. Weicher Storchenschnabel/Geranium molle
29. Gewöhnliche Nachtkerze/Oenothera biennis
30. Sandquendel/Arenaria serphyllifolia
31. Kleines Springkraut/Impatiens parviflora
32. Wasserdarm/Myosoton aquaticum
33. Johanniskraut/Hypericum perforatum
34. Wilde Möhre/Daucus carota
35. Rauhe Segge/Carex hirta
36. Wilder Apfelbaum/Malus sylvestris
37. Ackerkratzdistel/Cirsium arvense
38. Gewöhnliche Kratzdistel/Cirsium vulgare
39. Silberpappel/Populus alba
40. Sommerflieder/Buddleja davidii
41. Reinfarn/Tanacetum vulgare
42. Zottiges Weidenröschen/Epilobium hirsutum
43. Wald-Erdbeere/Fragaria vesca
44. Waldschaumkraut/Cardamine flexuosa
45. Schmalblättriges Weidenröschen/Epilobium angustifolium
46. Gewöhnliches Bitterkraut/Picris hieracioides
47. Kleinblütiges Weidenröschen/Epilobium parviflorum
48. Landreitgras/Calamagrotis epigejos
49. Huflattich/Tussilago farfara
50. Kompaßlattich/Lactuca serriola
51. Wiesenschafgarbe/Achillea millefolium
52. Kanadisches Berufskraut/Conyza canadensis
53. Hundsrose/Rosa canina
54. Königskerze/Verbascum thapsus
55. Schwarzer Holunder/Sambucus nigra
56. Tüpfelfarn/Polypodium vulgare
57. Föhr/Pinus sylvestris
58. Zitterpappel/Populus tremula
59. Krause Karde/Carduus crispus
60. Pastinak/Pastinaca sativa
61. Bittersüß/Solanum dulcamara
62. Ackergänsedistel/Sonchus arvensis
63. Kleinköpfiger Pippau/Crepis capillaris
64. Hopfenklee/Medicago lupulina
65. Knotiger Braunwurz/Scrophularia nodosa
66. Gemeines Leinkraut/Linaria vulgaris
67. Gelappter Schildfarn/Polystichum aculeatum
68. Drüsiges Weidenröschen/Epilobium adenocaulon
69. Savoyer Habichtskraut/Hieracium sabaudum
70. Roter Gänsefuß/Chenopodium rubrum
71. Gelber Wau/Reseda lutea
72. Gewöhnliche Waldrebe/Clematis vitalba
73. Spreizende Melde/Atriplex patula
74. Taubenkropf-Leimkraut/Silene vulgaris
75. Kleines Leinkraut/Chaenarrhinum minus
76. Ruprechtskraut/Geranium robertianum
77. Gemeiner Wurmfarn/Dryopteris filix-mas
78. Gemeiner Beifuß/Artemisia vulgaris
79. Ackerschachtelhalm/Equisetum arvense
80. Kleines Liebesgras/Eragrostis minor
81. Große Brennessel/Urtica dioica
82. Rotklee/Trifolium pratense
83. Sprossende Felsennelke/Petrorhagia prolifera
84. Vierkantiges Weidenröschen/Epilobium tetragonum

85 Seifenkraut/Saponaria officinalis
86 Natternkopf/Echium vulgare
87 Spreuschuppiger Wurmfarn/
    Dryopteris affinis
88 Rapunzelglockenblume/
    Campanula rapunculus
89 Kleinblütiges Franzosenkraut/
    Galinsoga parviflora
90 Weißklee/Trifolium repens
91 Kanadische Goldrute/
    Solidago canadensis
92 Kriechender Arzneibaldrian/
    Valeriana procurrens
93 Apfelbaum/Malus sylvestris
94 Eingriffel-Weißdorn/
    Crataegus monogyna
95 Vogelknöterich/
    Polygonum heterophyllum
96 Feldahorn/Acer campestre
97 Esche/Fraxinus excelsior
98 Klebriges Greiskraut/Senecio viscosus
99 Löwenzahn/Taraxacum officinale
100 Bergweidenröschen/
    Epilobium montanum
101 Schwarzer Nachtschatten/
    Solanum nigrum
102 Wilde Sumpfkresse/Rorippa sylvestris
103 Eichenfarn/Gymnocarpium dryopteries
104 Niederliegendes Mastkraut/
    Sagina procumbens
105 Gemeines Hornkraut/
    Cerastium holesteoides
106 Frauenfarn/Athyrium filix-femina
107 Floh-Knöterich/Polygonum persicaria
108 Gewöhnliches Hain-Greiskraut/
    Senecio ovatus
109 Rauher Löwenzahn/
    Leontodon hispidus
110 Brunnen-Lebermoos/
    Marchantia polymorpha
111 Raukengreiskraut/Senecio erucifolius
112 Zaunrübe/Bryonia dioica
113 Kahles Bruchkraut/Herniaria glabra
114 Zottel-Wicke/Vicia villosa
115 Scharfer Mauerpfeffer/Sedum acre
116 Taube Trespe/Bromus sterilis
117 Kleines Habichtskraut/
    Hieracium pilosella
118 Wiesen-Knäuelgras/Dactylis glomerata
119 Dach-Trespe/Bromus tectorum
120 Hirtentäschel/Capsella bursa-pastoris
121 Wiesen-Sauerampfer/Rumex acetosa
122 Sand-Hornkraut/
    Cerastium semi decandrum
123 Silberweide/Salix alba
124 Geruchlose Kamille/
    Tripleurospermum perforatum
125 Virginische Kresse/
    Lepidium virginicum
126 Dreifingersteinbrech/
    Saxifraga tridactylites
127 Hopfen/Humulus lupulus
128 Faden-Klee/Trifolium dubium
129 Lauchkraut/Alliaria petiolata
130 Kronblattloses Mastkraut/
    Sagina micropetala
131 Acker-Schmal-wand/
    Arabidopsis thaliana
132 Bleiches Hornkraut/
    Cerastium glutinosum
133 Wiesen-Rispenkraut/Poa pratensis
134 Vogel-Kirsche/Prunus avium
135 Florentiner Habichtskraut/
    Hieracium piloselloides
136 Schwedische Mehlbeere/
    Sorbus intermedia
137 Gekielter Feldsalat/
    Valerianella carinata
138 Weiche Trespe/Bromus hordeaceus
139 Mäuseschwanz-Federschwingel/
    Vulpia myuros
140 Frühlings-Hunger-blümchen/
    Erophila verna
141 Geknäultes Hornkraut/
    Cerastium glomeratum
142 Garten-Schaumkraut/
    Cardamine hirsuta
143 Ackerehrenpreis/Veronica arvensis
144 Hügel-Vergißmein-nicht/
    Myosotis ramosissima
145 Schmalblättrige Futterwicke/
    Vicia angustifolia
146 Kleiner Storchenschnabel/
    Geranium pusillum
147 Rundblättrige Glockenblume/
    Campanula rotundifolia
148 Kleinblütige Tameriske/
    Tamarix parviflora
149 Besenginster/Cytisus scoparius
150 Glatthafer/Arrhenatherum elatius
151 Frühlings-Greiskraut/Senecio vernalis
152 Purpur-Storchenschnabel/
    Geranium purpurium
153 Sand-Mohn/Papaver argemone
154 Ackerwindhalm/Apera spica-venti

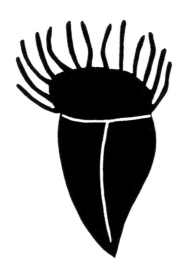

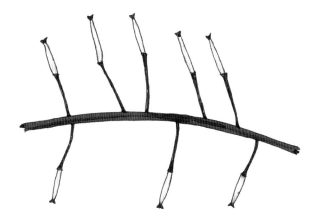

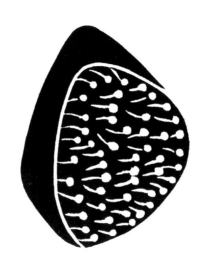

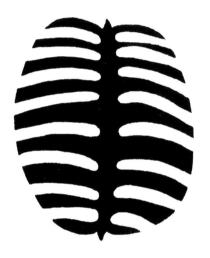

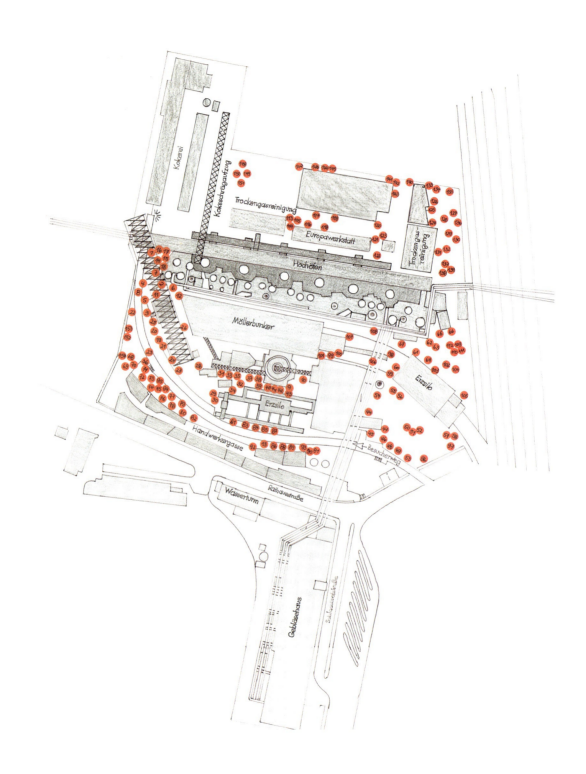

Die Fundorte der Pflanzen

Die von einem Frühjahr bis zum nächsten
in der Völklinger Hütte gefundenen
Pflanzen wurden auf der Karte mit einem
roten Punkt markiert.
Überraschend ist die Artenvielfalt,
die sich seit der Stillegung entwickelt hat.
In der Pflanzenliste bleiben aber Lücken.
Ergänzungen und Berichtigungen werden
notwendig sein um einen genauen
Überblick über die Flora zu gewinnen.

Die Farbe der Pflanzen

Das grüne Blatt der Weide unterscheidet
sich von allen anderen grünen Blättern
manchmal ganz deutlich, manchmal nur in
Nuancen. Der Saft der Pflanzen wurde auf
Kartonstreifen aufgedrückt. Es entstand
eine große Farbpalette.

Zottelwicke
Ackerschachtelhalm
Salweide

Apfelbaum
Savoyer Habichtskraut
Eingriffel-Weißdorn

Spreizende Melde
Schmalblättriges Weidenröschen
Raukengreiskraut

Hopfenklee
Sand-Mohn
Rapunzelglockenblume

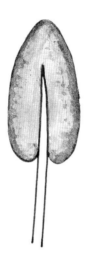

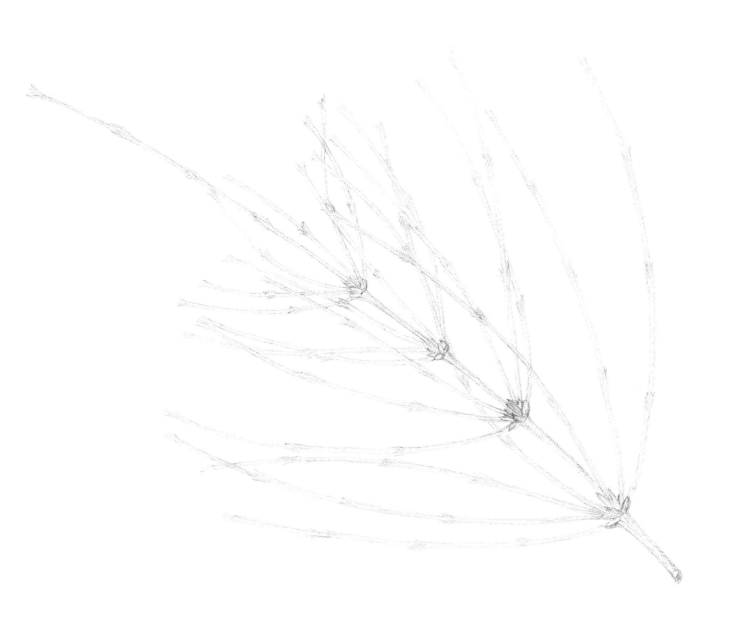

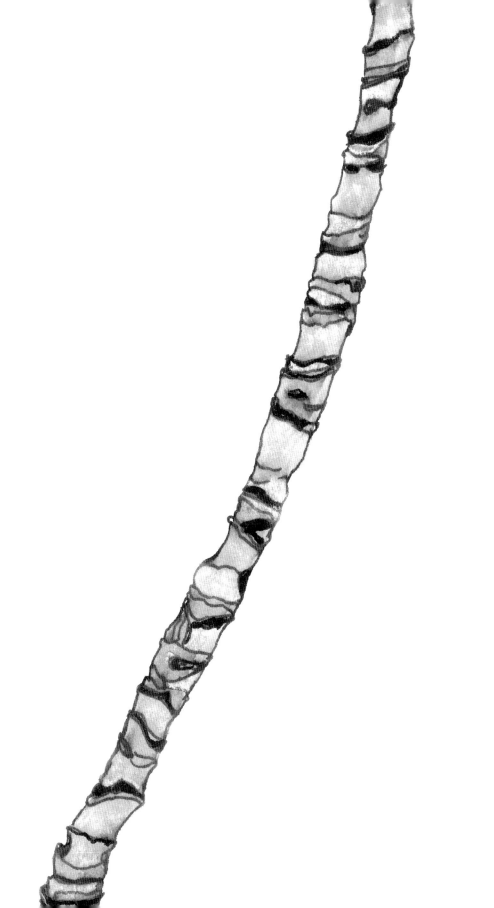

Gerhard Glüher

NATURARCHÄOLOGIE

Hedda Wilms und Wolfgang Nestler begeben sich auf die Suche nach den Spuren der Natur. Sie tun dies an einem Ort, an dem wir mitnichten erwarten würden, noch Lebewesen zu begegnen, die wir ansonsten in zivilisationsfernen Refugien vermuten würden. Industriegebiete haben den berechtigten Ruf, daß sie den Gegenpol alles Lebendigen und Wachsenden darstellen. Ihre Architekturen, Räume und Apparate repräsentieren die Funktionalisierung von Landschaft (die dann „Standort" genannt wird) im Dienste der menschlichen Arbeit. Zwangsläufig zogen sich die einstmals dort vorhandenen Lebewesen zurück, weil sie keine Lebensgrundlagen mehr fanden. Der Artenreichtum ist auf ein Minimum geschrumpft und Natur zeigt sich höchstens noch in der Form von „Kulturpflanzen", um diesen in sich schon paradoxen Begriff zu verwenden. So lautet die allgemein verbreitete Meinung, wenn die Diskussion auf das Problem Naturschutz, Standortwahl oder Renaturalisierung ehemaliger Industrieregionen gelenkt wird. Wilms und Nestler zeigen mit ihrer Ausstellung, daß dieses Urteil ein falsches ist. Die heikle Problematik des Themas Natur versus Kultur bedarf einer dialektischen Aufarbeitung, wenn man hinter, in diesem Fall unter die Oberflächen des Offensichtlichen dringen möchte, denn Natur und Kultur haben ihre gemeinsame Wurzel im Zeitlichen und Prozessualen. Genau den Spuren dieser Dialektik des Entstehenden und des Vergehenden gehen die beiden Künstler nach.

Die Ausstellung „Pflanzengründe", beschäftigt sich mit den buchstäblich „übersehenen", weil kleinen, unscheinbaren, versteckten oder selbstverständlichen Lebewesen, die wir zunächst vorsichtig als belebte Natur bezeichnen wollen. Sie stellen das „Nebensächliche" des selbstverständlich Vorhandenen in Kontrast zum spektakulären Monument der kulturellen Leistung des Menschen, repräsentiert durch die Architektur der alten Völklinger Hütte. Mit anderen Worten: Pflanzen hat es dort schon immer gegeben, die Architektur der Hütte indes nicht. Pflanzen wären also banale Objekte, die Bauwerke stehen als innovative Leistung der Menschen des ausgehenden 19. Jahrhunderts. Sie sind das herausragende Menschenwerk, die Errungenschaft, im Gegensatz zur Natur, der man diese Leistung abringen mußte. Setzen die beiden Künstler also einen falschen Schwerpunkt, indem sie sich mit dem Unbezeichneten und Marginalen auseinandersetzen, anstatt sich dem Wert der Industriearchäologie zu widmen? Die gleiche Frage könnte man im ökologischen Sinne auch positiv wenden. Machen sich die Künstler zu Advokaten der unterdrückten und vertriebenen Natur, instrumentalisieren sie sich selbst als Sprachrohr des Sprachlosen? Beide Fragen müßte man bejahen, wenn es nur darum ginge, Zivilisationskritik durch Kunstwerke zu formulieren, das heißt, mittels Ästhetisierung („Erhebung") von Natur ein Signal gegen das Denkmal der Hütte zu setzen. Doch der Werkcharakter ist offener, er arbeitet höchstens in der Präsentationsform mit ästhetischen Argumenten, ist jedoch vom Konzept her als eine wissenschaftliche und naturhistorische Recherche zu verstehen.

Von der Arbeit des Künstlers erwartet man stillschweigend, daß er ein Werk erschafft, das immer einen hohen Anteil an ästhetischem Gehalt besitzt, ein Objekt also, das der sinnlichen Lust des Anschauens Genüge tut. Das Werk erfüllt sich dennoch in der Anschauung nicht, denn es sollte durch gedankliche Anregungen über sich hinaus weisen. Der Betrachter nimmt in seinem Gedächtnis die Essenz des Werkes mit in die Welt und in die Zukunft. Die Form determiniert somit das Konzept und das Konzept ist das Skelett eines Körpers, ohne das er keinen Halt, keine innere Stärke haben könnte. Das Konzept findet seine spezifische Form durch einen Weg der Realisierung und Realisierung bedeutet Bearbeitung von Materialien und Immaterialien, wenn man den Begriff von Jean Francois Lyotard übernehmen will. Die Materialität des Werkes ist Endergebnis des Prozesses: Kristallisation und Verkörperung von Idee. Formfindung und Formerfindung sind zwei Methoden mit entgegengesetzten Ansätzen. Bei Wilms und Nestler ergänzen sie einander auf eine erstaunliche Weise, die ich bisher selten beobachten konnte. Das Finden der Formen – hier der Pflanzen - bildete die erste Stufe des Prozesses und die Erfindung durch das Abstrahieren von der gefundenen Form ist dann der zweite Schritt gewesen. Abstraktion und Konkretion sind in diesen Werken wechselseitige Bedingungen, nicht mehr Gegensätze.

Wenn wir die hier gezeigten Arbeiten als „Körper" bezeichnen, so hat diese anthropomorphe Metapher neben ihrer Allgemeinverständlichkeit für unsere Überlegungen noch einen zweiten Vorteil: sie beinhaltet den Aspekt des Werdens und Vergehens.[1]

Jeder menschliche Körper lebt und vergeht, denn er ist sowohl Teil der Natur als auch bedarf er ihrer zum Überleben. Dieser Gedanke scheint auf den ersten Blick nicht gerade ein wichtiger zu sein, da er feststehende Phänomene beschreibt.[2]

Doch wir befinden uns an der Schwelle eines wissenschaftlichen Paradigmawechsels, der dem Konzept dieser Ausstellung ein kultur- und zivilisationskritisches Gewicht verleiht, das es vor vielleicht zehn Jahren noch nicht gehabt hätte. Wie sieht der Wechsel aus? Gegenwärtig können wir beobachten, daß im Zuge der Biotechnologie die menschliche Geisteskraft das Wirken der Natur zu steuern versucht. Sie ist in der Lage, neue, künstliche Wesen zu erschaffen, deren Gestalt (Physis) berechenbar ist. Mit anderen Worten: Zeugung und Erschaffung ohne die Unwägbarkeiten des Zufalls sind wissenschaftlich und praktisch durchführbar.

Betrachten wir die sprachliche Entwicklung des Begriffs „Natur", so kennt die klassische Determination die Natur als ein System das wächst. Wir zitieren Carl Friedrich von Weizsäcker: »Das lateinische Wort natura heißt Geburt, zu nasci, geboren werden. Es ist die Übersetzung des griechischen physis, welches hervorgehen, Wachstum bedeutet. Physis heißt in der griechischen Lehre vom Menschen die menschliche Natur, im Gegensatz zu nomos, dem erst von der Gesellschaft erzeugten Gesetz; physis bedeutet auch das, was um uns Menschen schon da ist, im Gegensatz zu den Werken unserer techné, unseres Handwerks.«[3]

Diese, von Weizsäcker so klar voneinander geschiedenen Paradigmen dessen, was ist und was erschaffen wird, befinden sich im Wandel, denn die techné greift in die physis in solcher Weise ein, daß wir den Begriff natura (und damit implizieren wir den Begriff „Geburt") als techné des nomos sehen müssen. Die menschliche Gesellschaft, die polis, schreibt die Gesetze vor, welchen die physis gehorchen muß. Natur wird damit zu einem bloßen materiellen Gegenstand, den man handhaben kann. Nun ist die klassische Ästhetik in der mißlichen Lage, den Begriff der ars – die schönen Künste – als allgemeines menschliches Handeln, der techné zuzuordnen, denn künstlerisches Handeln ist zunächst Handwerk und als solches ebenso den Gesetzen des nomos untergeordnet wie alles nichtkünstlerische Tun auch. Diese Kluft läßt sich jedoch mit der hier ausgestellten Arbeit überbrücken, denn das Werk, welches geschaffen wurde, besteht zum Großteil aus der gedanklichen Ver- und Bearbeitung der Geschichte des Ortes und der Zeiträume die ihn in seinem Status quo prägten.

Die alte Völklinger Hütte ist ein Industriestandort par excellence und als Weltkulturerbe wurde es zum Monument für den

1
Wesentliche Anregungen zu dieser Metapher habe ich erhalten durch die Lektüre der Essays des folgenden Buches: Kamper, Dietmar und Wulf, Christoph (Hg.): Die Wiederkehr des Körpers, Frankfurt M. 1989ff

2
Vergleiche zu dieser Thematik allgemein: Böhme, Gernot (Hg.): Phänomenologie der Natur, Frankfurt M. (Suhrkamp) 1997, sowie Böhme, Gernot: Natürlich Natur, Frankfurt M. 1992

3
Zitiert nach Weizsäcker, Carl Friedrich von: Geist und Natur, in: Dürr, H.-P. und Zimmerli, W. Ch. (Hg.): Geist und Natur, Bern u.a. 1989, S. 19

Sieg der menschlichen Schaffenskraft über die Natur erhoben. Die Architektur des Hüttenwerkes ist zwar das Denkmal, doch die Geschichte der europäischen Zivilisation ist der hohe Sockel, durch den das zu erhebende Artefakt seine herausragende Bedeutung und gleichzeitig sein sicheres Fundament erhält. Dennoch denke ich, daß seine Position auch eine tragische ist, denn wenn dieser künstliche Sockel einmal zu bröckeln beginnt, dann stürzt das Denkmal zusammen und es wird vom Sog der Zeit in den Orkus des Vergessens gerissen. Die Geschichte ist gewiß, doch sie ist endlich, während die Natur zwar ungewiß, doch unendlich ist. Denkmäler sind Positionen des ängstlichen Vergewisserns geschichtlicher Ereignisse (Eroberer, Helden, Götter, Kriege), doch sie haben auch etwas vom lauten Pfeifen im dunklen Keller an sich: die Menschen müssen sich ihrer Gegenwart vergewissern im Angesicht der ungewissen Zukunft. Die Natur hatte zu weichen, wenn die Errungenschaften der Technik ihre ausbeuterischen Mechanismen (mechanisch waren sie ja allesamt) in Gang setzte und zurück blieb eine Brache. Ein Bruch, ein Einschnitt, eine Wunde, die der Körper der Natur langsam wieder heilt. Eine Narbe bleibt zwar, doch wir haben uns an sie gewöhnt. Wilms und Nestler nehmen den Prozeß des Zurückwachsens nicht als eine Selbstverständlichkeit, sondern sie begeben sich auf die Suche nach seinen Ursprüngen und Anfängen, womit sie den gegenwärtigen Zustand registrieren.

Ihre Suche nach der Natur ist keine romantische Geste, kein sentimentales Trauern im Sinne von Resignation vor dem bevorstehenden Verlust eines einstigen Urzustandes, sondern die nüchterne und sorgfältig geplante Geste der Bestandsaufnahme. Die beiden Künstler betreiben eine bildliche Sicherung eines soeben verschwindenden, aber auch eines gerade wieder zurückkehrenden Zustandes. Auf der Suche nach welcher zeitlichen Schicht dieses Ortes sind sie aber? Wir können davon ausgehen, daß es in Europa keine Urlandschaften mehr gibt. Alle Landschaft wurde mehrfach kulturell überformt und von daher ist es unsinnig, eine ursprüngliche Natur finden zu wollen. Es ist viel mehr die Frage relevant, welchen der Kulturzustände man wieder erreichen möchte.

Können wir von einem post-naturalen Zeitalter sprechen, in das wir inzwischen eingetreten sind? Einstmals utopische Planspiele einer genetisch und technoid vollständig geplanten Natur sind durchaus im Bereich des Möglichen angelangt und daher können wir uns die Frage stellen, ob Wilms und Nestler eine Ausstellung konzipiert haben, die im Hinblick auf einen Vergleich zwischen Kultur und Natur eher retrospektiven Charakter hat. Es ist kein absurdes Konstrukt mehr zu vermuten, daß die Natur, so wie wir sie heute kennen, künftig Relikt einer Epoche sein wird, die sich gerade verabschiedet. Im Sog dieser Veränderungen muß sich auch unser Naturbegriff verändern, denn es ist schon lange nicht mehr selbstverständlich, die Dichotomie zwischen Kultur und Natur zu pflegen, denn wo ist künftig die Grenzlinie zu ziehen zwischen dem Künstlichen und dem Natürlichen? Vilém Flusser gibt darauf folgende Antwort: »Die so merkwürdige Natur, von der aus der wissenschaftliche Fortschritt in Richtung Mensch und Gesellschaft vorgestoßen ist, enthüllt sich jetzt als objektiver Horizont und nicht mehr als solider Boden unserer konkreten Wirklichkeit.«[4]

[4] Flusser, Vilém: Naturalmente; in: ders.: Vogelflüge. Essays zu Natur und Kultur, München (Hanser) 2000, S. 125

Die Naturwissenschaften haben es sich zur Aufgabe gemacht, die Gesetze der Natur in reproduzierbare Formeln, Listen und Archive einzuschreiben - sie arbeiten an einem Katalog der Natur. Die Katalogisierung ist am Beginn des 21. Jahrhunderts beendet und man kann nun beginnen, diese verzeichnete Natur auszuwerten. Dadurch schafft man eine künstliche „neue" Natur, welche die „alte" Natur zwar noch als Referenz hat, doch das Ziel naturwissenschaftlicher Forschung wird es sein, all die Fehler und Schwachstellen, die Verletzbarkeit und Angriffsflächen für mögliche Katastrophen aus dieser konstruierten Natur zu verbannen. Mit anderen Worten: die zweite Natur ist eine wahrscheinliche Natur.

Wahrscheinlichkeit bildet die sichere Insel der menschlichen Ratio im Meer des Chaos der Evolution.

Kehren wir zurück zum Konzept der Ausstellung. Haben wir den Standpunkt der Künstler richtig beobachtet, oder haben wir uns nicht getäuscht, denn Wilms und Nestler könnte man in den Kanon der Verzeichner und Katalogisierer einreihen. Hedda Wilms legte in der Tat in einjähriger Arbeit einen sorgfältigen Standortkatalog derjenigen Pflanzen an, welche in einem genau definierten Gebiet des Völklinger Hüttengeländes vorkommen und Wolfgang Nestler verzeichnet mit der Kamera – die übrigens ein genuin „objektiv" registrierendes Instrument ist – Pflanzen im Kontext der Architektur. Können wir durch diesen Methodenvergleich die künstlerische Arbeit mit der naturwissenschaftlichen direkt parallel setzen? Ein Stück weit gehen sie tatsächlich gemeinsam, nämlich im Hinblick auf die Recherche. Der Naturwissenschaftler wie der Künstler begibt sich auf die Suche nach den verborgenen Dingen, sprich den Phänomenen, die momentan dem Zugriff der Wahrnehmung und damit der Erkenntnis nicht zugänglich sind. Erweiterung der Erkenntnis setzt aber gerade das Aufspüren der verdeckten oder der noch nicht erkannten Zustände und Zusammenhänge voraus und Wahrnehmung ist immer Wahrnehmung von Etwas. Was ist es nun, das erkannt werden will, wonach haben sich Wilms und Nestler auf die Suche gemacht?

Natur, repräsentiert durch Pflanzen, dies ist augenscheinlich, dies zeigt der erste Blick auf die Fotografien, Drucke und Zeichnungen, muß wohl die Antwort lauten. Dennoch entziehen sich diese Werke unseren geläufigen Kategorien und Begrifflichkeiten, mit denen die Kunstgeschichte üblicherweise solcherart Bilder zu benennen weiß. Nestlers Fotografien bewegen sich im Grenzbereich zwischen Dokumentarfotografie, Naturfotografie und Architekturfotografie. Sie zeigen jeweils immer zu wenig von ihrem Sujet, damit man sie in eine Gattung eingliedern könnte. Der hohe Grad an Abstraktheit, bei gleichzeitiger Benennbarkeit der abgebildeten Gegenstände, die heterogenen Strukturen und das starke grafische Eigenleben der großformatigen schwarz-weiß Fotografien entsprechen nicht den ästhetischen Kanons, welche die Geschichte der künstlerischen Fotografie prägt. Es geht hier nicht um das Durchdeklinieren von fotografischen, zeichnerischen oder grafischen Chiffren, sondern um eine bildliche oder plastische Stellungnahme und dezidierte Aussage zum Ort im Kontext von Zeit und Raum, dargestellt am Beispiel der Natur. Es geht somit auch um die Recherche von gestalterischen Prozessen, die sich in ihrer Form verblüffend ähneln, wenn man nur den eigenen Standort zu wechseln versteht. Das funktionale Moment der rationalisierten Architektur wird den Zeichen und Gestalten der mikroskopischen Pflanzenteile ähnlich, die Wilms wie ein Alfabet längst vergessener oder zukünftiger Schrift aufreiht. Auch Nestler blickt unter die Oberfläche seiner Gegenstände, indem er die Spuren des Zerfalls und das Ephemere der Pflanzen als eine einzige Zeichenebene bewertet. Seine Fotografien werden damit im ureigentlichen Sinne des Wortes wieder zu Lichtzeichnungen, nur daß das Bezeichnete nicht die gespiegelte Oberfläche ist, sondern die Struktur unter den Dingen. Die Künstler als Archäologen der Natur sind also fündig geworden. Sie entfernten sorgfältig die zeitliche Patina des oberflächlichen Gegenwärtigen und entdeckten darunter eine enorme Vielfalt an gewachsenen Strukturen und Formgesetzen, die sich wie eine unbekannte Welt zwischen die benennbaren Orte des Natürlichen und des Kulturellen schiebt. Diese Welt existiert nicht als Kunstwerk, sondern als Realität mitten in unserem Alltagsleben. Zwar hat die Recherche in der Alten Völklinger Hütte stattgefunden, doch die Erkenntnisse sind durchaus auf große Zusammenhänge erweiterbar. Die Schlüsse aus den bildlichen Ergebnissen zu ziehen liegt jetzt an uns Betrachtern. Wenn es gelingt, den Geist, die Sensibilität und die Kraft der Spurensuche von Wilms und Nestler aufzunehmen und weiter zu tragen, dann ist ihre Arbeit erfolgreich gewesen.

HEDDA WILMS

Hedda Wilms wurde 1941 in Zweibrücken geboren. Von 1994 bis 2000 studierte sie als Gaststudentin bei Professor Wolfgang Nestler an der HBK Saarbrücken. Während des Studiums beschäftigte sie sich zunehmend mit der Natur. Die Betrachtung der Formen von Pflanzen und Bäumen, bis in mikroskopisch kleine Einzelheiten und deren Umsetzung in graphische Zusammenhänge nehmen eine wichtige Rolle in ihren Arbeiten ein. Sie beteiligte sich an verschiedenen Ausstellungen.

WOLFGANG NESTLER

Wolfgang Nestler wurde 1943 in Gershausen geboren. 1967-1973 Studium der Bildhauerei an der Kunstakademie Düsseldorf bei Erwin Heerich. Während des Studiums erlernt er das Schmiedehandwerk. Teilnahme an zahlreichen Ausstellungen wie: 1974 Galerie Magers Bonn; Museum Haus Lange Krefeld und *Projekt 74*, Köln. 1977 Kunstpreis der Böttcherstraße Bremen; documenta 6; Galerie Schmela Düsseldorf. 1978 Württembergischer Kunstverein Stuttgart. 1980 *Zeichnungen von Bildhauern des 20. Jahrhunderts*, Staatsgalerie Stuttgart. 1983 *Dreidimensional – Aktuelle Kunst aus der Bundesrepublik Deutschland*. 1984 Kunstpreis der deutschen Kunstkritiker. 1985 Deutsche Kunst nach 1945, Nationalgalerie Berlin. 1987 Teilnahme an der *documenta 8* und *Paul Klee und die Moderne*, Kunsthalle Kiel. Kunstpreis der Glockengasse Köln. 1989 *Zeitzeichen, Kunst nach 1945*, Kunsthalle Köln. 1992 Pfalzgalerie Kaiserslautern. 1993 *Stahlplastik in Deutschland*, Museum Schloß Moritzburg, Halle. 1995 Robert-Schumann-Preis. 1999/2000 Ausstellung Museum Schloß Moritzburg, Halle; Landesmuseum Mainz und Museum Schloß Moyland. 2000 *Here we go* Maschinenhalle Zweckel; *Lost paradise lost – Kunst im sakralen Raum*, Hannover. 2001 Kabinett der Zeichnung, Kunstfonds Bonn. Seit 1989 Professur an der Hochschule der Bildenden Künste Saar in Saarbrücken.

IMPRESSUM

Eine Veröffentlichung des
Ministeriums für Umwelt, Saarbrücken

Dank an SAAR-TOTO

Redaktion
Hedda Wilms und Wolfgang Nestler

Text
Wilhelm Bode
Gerhard Glüher

Kataloggestaltung und Satz
graphic studio Christa Winkler, Stuttgart

Bestimmung der Pflanzen
Franz-Josef Weicherding

Vergrößerung der
Fotos von Wolfgang Nestler
Babette Bangemann

Gesamtherstellung
Krüger Druck+Verlag, Dillingen

ISBN 3-00-008526-2